Mi vida más allá del
BULLYING

Una historia de un paciente de Mayo Clinic
Hey Gee y Ralph M.

Traducción de Isabel C. Mendoza

"

TODO EL MUNDO ES ESPECIAL A SU MANERA

"

Prólogo

Durante mi adolescencia, fui víctima de *bullying* (**hostigamiento** escolar) por ser diferente a otros niños. Yo creía que era mi culpa que se burlaran de mí, y que me lo merecía. Al comienzo, me sentí avergonzado, pero aprendí varias cosas a medida que fui creciendo.

Aprendí que mucha gente ha sido hostigada en la escuela, así que yo no estaba solo. Me di cuenta de que esos niños me molestaban porque tenían sus propias inseguridades, no porque hubiera algo malo en mí. Hay cosas que yo pude haber hecho para detener el **hostigamiento**, como participar en actividades extracurriculares para hacer amigos, pedirles ayuda a mis maestros y consejeros escolares y contarles a mis padres lo que estaba pasando. También aprendí que ser diferente es increíble y que debo amarme como soy. El mundo está lleno de gente que luce, habla y piensa diferente, y eso es algo digno de celebrarse. Nuestras diferencias en el cuerpo, el tono de piel, la cultura, la religión, el idioma y el sexo son lo que nos hace tan especiales.

Para todo aquel que padece **hostigamiento** escolar: todo va a mejorar. No es tu culpa y debes pedir ayuda para mantenerte a salvo. No tienes nada de qué avergonzarte. ¡Eres increíble, tal y como eres!

Abrazos,

Ralph M.

ES LA HORA DEL ALMUERZO.

ALEX SIGUE A LOS OTROS NIÑOS A LA CAFETERÍA.

¡QUÉ HAMBRE TENGO!

ESPERO QUE HOY NOS DEN PIZZA.

SUEÑA CON ESCAPAR...

ANTES DE IR A LA ESCUELA, ALEX HACE UNA CAMINATA CON SU PERRO. ESO LO AYUDA A SENTIRSE UN POCO MEJOR.

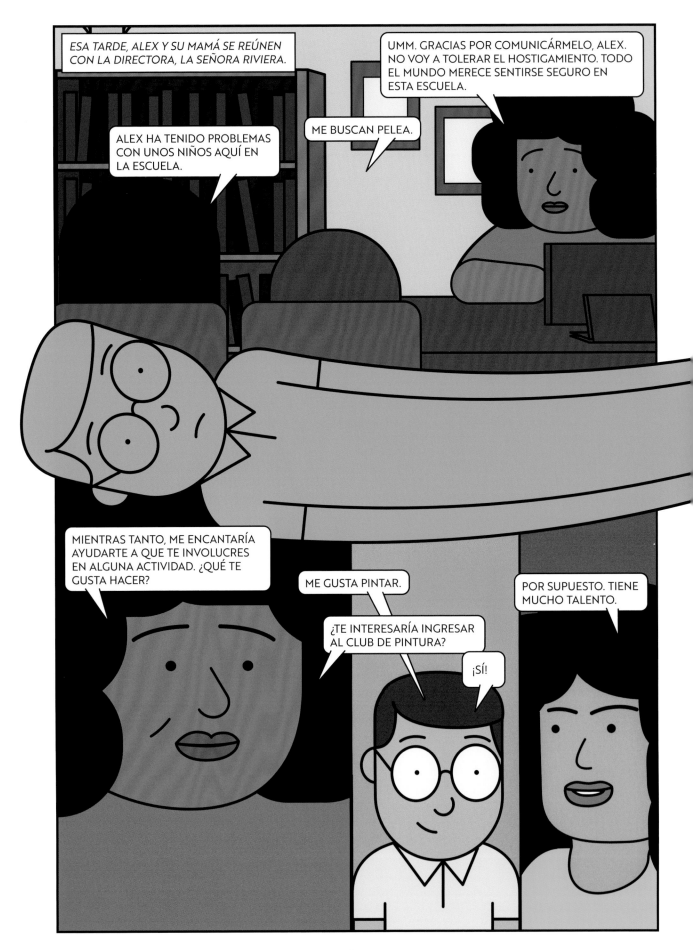

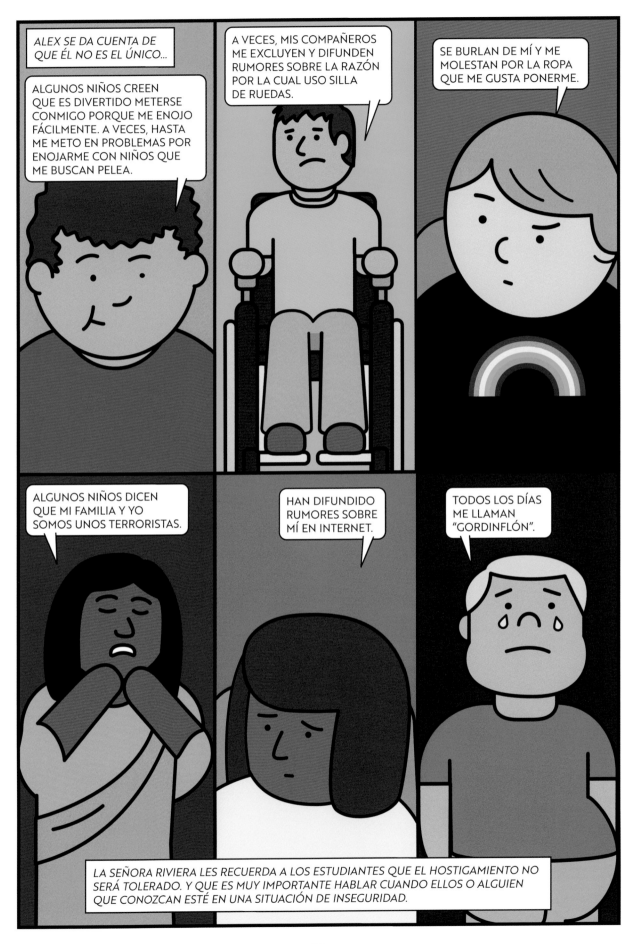

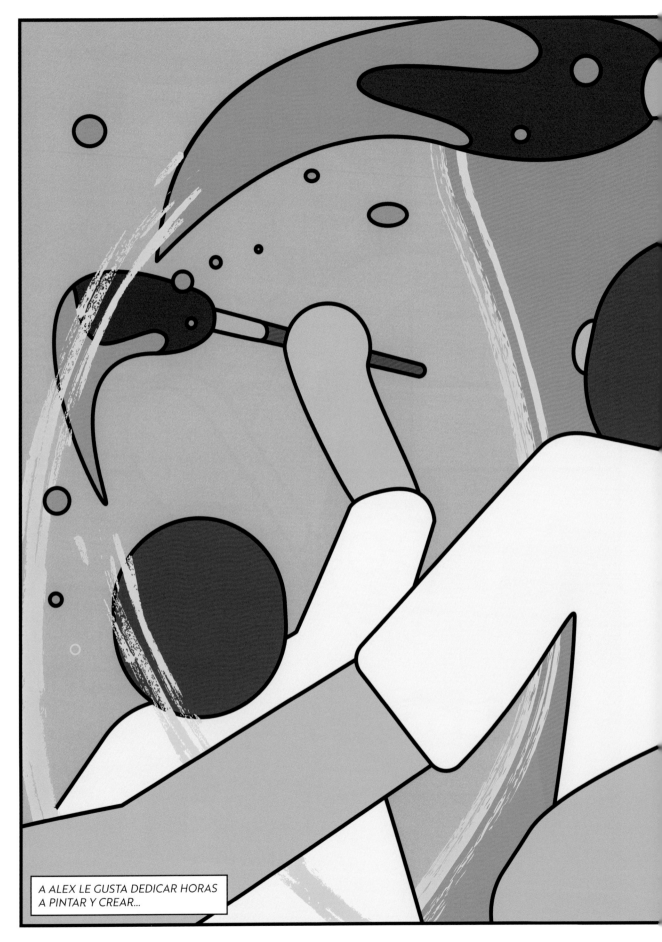

A ALEX LE GUSTA DEDICAR HORAS A PINTAR Y CREAR...

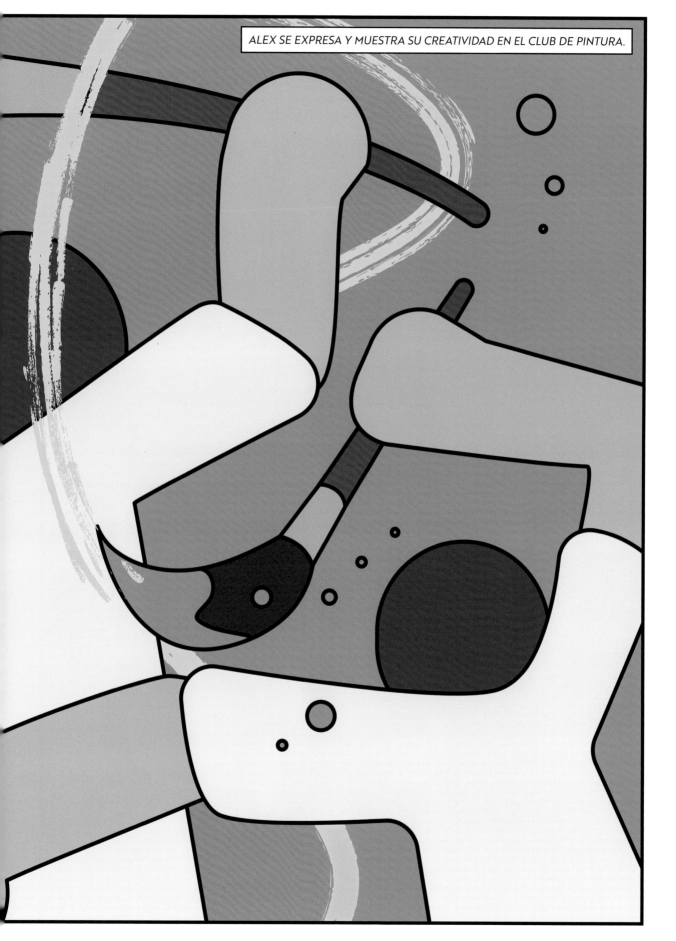

ALEX SE EXPRESA Y MUESTRA SU CREATIVIDAD EN EL CLUB DE PINTURA.

¡ARTISTAS, LES TENGO UNA NOTICIA EMOCIONANTE! VAMOS A HACER UNA EXPOSICIÓN PARA QUE TODA LA ESCUELA VEA SUS PINTURAS.

ALEX Y SUS COMPAÑEROS SE DIVIERTEN MUCHO PREPARANDO TODO PARA LA EXPOSICIÓN.

EL DÍA DE LA APERTURA, MUCHOS QUEDAN ASOMBRADOS CON EL CUADRO QUE ALEX HIZO DE SU PERRO.

¡QUÉ HERMOSO! ¿QUIÉN LO HABRÁ HECHO?

LO PINTÓ ALEX. ESTÁ EN MI CLASE.

¡GUAU! ¡NO SABÍA QUE ÉL PUDIERA HACER ALGO ASÍ!

TÉRMINOS CLAVES

agresión: Acciones que tienen el potencial de hacer daño a otros. Existen varios tipos, como la agresión de los pares, la física, la verbal y la relacional.

agresión física: Golpes, patadas, puños y otras acciones con el potencial de infligir daño físico.

agresión relacional: Propagar rumores sobre alguien, excluir o animar a otros a excluir a alguien, avergonzar a alguien delante de otros.

agresión verbal: Uso de sobrenombres, provocación indeseada, comentarios sexuales inapropiados, burlas y amenazas de hacer daño.

agresión/victimización de pares: Se refiere a la agresión o a la recepción de la agresión. Este concepto se parece al de hostigamiento (ver definición abajo), pero es más amplio porque incluye agresión que puede o no tener las características específicas del hostigamiento (actos repetidos de agresión y diferencias de poder).

ciberhostigamiento: Actos de agresión (incluyendo las formas enumeradas arriba) que ocurren a través de los medios electrónicos, como mensajes de texto, redes sociales y plataformas de juegos en línea.

hostigador: El que lleva a cabo el hostigamiento.

hostigamiento (*bullying* en inglés): Agresión repetida de parte de una o más personas hacia otra persona o varias con la intención de hacer daño, dominar o intimidar, y que incluye una diferencia de poderes real o percibida entre el perpetrador o perpetradores y la víctima o víctimas.

testigos: Gente que presencia el hostigamiento. Las reacciones de los testigos ejercen una poderosa influencia sobre la continuación del hostigamiento. Es muy probable que continúe o empeore cuando los testigos aclaman, se ríen o de cualquier otra manera incentivan el comportamiento del hostigador, o cuando los testigos son complacientes (no hacen nada) en respuesta a su comportamiento. Por otro lado, es menos probable que continúe o se repita el hostigamiento cuando los testigos responden de maneras que no recompensan o incentivan el comportamiento; por ejemplo, defender a la víctima o comunicar que el comportamiento agresivo es socialmente inaceptable y no se considera "chévere". Los testigos también pueden ayudar a proteger a las víctimas de los efectos cuando están pendientes de cómo se sienten, las incluyen en sus actividades o las acompañan. Cuando el hostigamiento ocurre entre niños, es más factible que sea presenciado por los pares que por adultos.

víctima: La persona que es el blanco del hostigamiento.

INFORMACIÓN ADICIONAL DE PARTE DE LA EDITORA MÉDICA DE ESTE LIBRO

Por Bridget K. Biggs, Ph.D., L.P.
Consultora, Departamento de Siquiatría y Sicología, Mayo Clinic, Rochester, MN; Profesora Asociada de Sicología de la Escuela de Medicina y Ciencias de Mayo Clinic

El **hostigamiento escolar** (*bullying* en inglés) es, lamentablemente, un problema común. Aproximadamente el 11 por ciento de los niños en edad escolar son blanco de **hostigamiento**, el 11 por ciento **hostiga** a otros y entre el 4 y el 6 por ciento están involucrados como **hostigadores** y como **víctimas**. Aunque cualquiera puede ser víctima de **hostigamiento**, los blancos más frecuentes son las personas con pocos amigos o sin amigos, así como las que tienen diferencias físicas, de aprendizaje o de comportamiento. Anteriormente se pensaba que el **hostigamiento** era un elemento normal e inofensivo del proceso de crecimiento, pero también ocurre entre adultos y ocasiona daños a la gente involucrada.

Las consecuencias de **hostigar** o **ser hostigado** incluyen un incremento en la probabilidad de desarrollar problemas sociales, emocionales, académicos o de salud, de tener pensamientos y conductas suicidas y de usar tabaco o drogas más adelante. Ser testigo de **hostigamiento** también puede traer consecuencias negativas. La probabilidad de desarrollar problemas depende en buena medida de la persistencia de las experiencias, de la manera como los individuos reaccionan o piensan sobre las mismas y del tipo de apoyo que tienen en su vida. Estudios sobre el **hostigamiento** sugieren que hay varias cosas que pueden ayudar a prevenirlo o reducirlo, o a reducir sus efectos negativos si llega a suceder.

Existe evidencia de que los comportamientos **hostigadores** son motivados por el deseo de tener un estatus social alto; en otras palabras, para lucir "chévere" y ser popular. Por ello, su efectividad y su continuación dependen en cierto grado del clima social y de cómo otros, especialmente los pares, responden al hostigamiento cuando este sucede. Intervenciones realizadas en las escuelas que se enfoquen en fomentar un ambiente positivo y respetuoso dentro de la institución y en la comunidad son las acciones más efectivas que se pueden realizar para reducir el **hostigamiento**. También existe evidencia de que el **hostigamiento** se reduce cuando aumenta la supervisión y el empoderamiento por parte de los adultos para que los menores actúen como **testigos** útiles (por ejemplo, respondiendo a la **agresión** animando a otros a cambiar su comportamiento de malo a bueno, así como estando pendientes de las víctimas e incluyéndolas en sus actividades). También puede ser útil facilitar amistades positivas, ya que los niños que tienen al menos un buen amigo son menos propensos a ser hostigados y experimentan menos angustia si son blanco de hostigamiento.

El **ciberhostigamiento**, u **hostigamiento** que sucede en línea, tiene menor probabilidad de suceder cuanto menos tiempo pasen los niños y adolescentes en línea y cuanta más atención pongan los adultos al uso que aquellos hacen de Internet. Si tú o alguien que te importa está involucrado en algún tipo de **hostigamiento**, es importante que los adultos trabajen juntos en la casa y en la escuela para fomentar un ambiente seguro; y podría ser útil poner en contacto con un consejero escolar u otro proveedor de servicios de salud a la persona que experimenta angustia relacionada con el **hostigamiento**.

Los individuos que se preocupan por este problema y desean tomar acción tienen mayor probabilidad de ser efectivos si menores y adultos trabajan juntos en la escuela y la comunidad para fomentar un ambiente positivo y respetuoso. ¡Un ambiente en el que tratar a otros con respeto y amabilidad se considere una conducta chévere y esperada!

REFERENCIAS

Gaffney H, Ttofi MM, Farrington DP. Evaluating the effectiveness of school-bullying prevention programs: An updated meta-analytical review. *Aggression and Violent Behavior.* 2019;45:111-133.

Hong JS, Espelage DL. A review of research on bullying and peer victimization in school: An ecological system analysis. *Aggression and Violent Behavior.* 2012;17(4):311-322.

Moore SE, Norman RE, Suetani S, Thomas HJ, Sly PD, Scott JG. Consequences of bullying victimization in childhood and adolescence: A systematic review and meta-analysis. *World Journal of Psychiatry.* 2017; 7(1):60-76.

Salmivalli C. Bullying and the peer group: A review. *Aggression and Violent Behavior.* 2010;15(2):112-120.

Samnani AK, Singh P. 20 Years of workplace bullying research: A review of the antecedents and consequences of bullying in the workplace. *Aggression and Violent Behavior.* 2012;17(6):581-589.

Vernberg EM, Biggs BK (Eds.). *Preventing and Treating Bullying and Victimization*. New York, NY: Oxford University Press, 2010.

Zych I, Farrington DP, Ttofi MM. Protective factors against bullying and cyberbullying: A systematic review of meta-analyses. *Aggression and Violent Behavior*. 2019;45:4-19.

RECURSOS EN LÍNEA EN ESPAÑOL

PACER National Center for Bullying Prevention (Centro Nacional PACER para la Prevención del Hostigamiento) – www.pacer.org/bullying

https://www.pacer.org/bullying/pdf/nbpc-flyer-spanish.pdf

https://www.pacer.org/publications/bullypdf/BP-25s.pdf

Este sitio web provee recursos para adultos sobre el hostigamiento. Vea también los sitios de PACER dedicados a los niños y a los adolescentes. PACER es una organización enfocada en apoyar a menores con discapacidades; sin embargo, los sitios dedicados al hostigamiento están dirigidos a todo tipo de público.

Stop Bullying Now! (¡Deten el hostigamiento ya!) – https://espanol.stopbullying.gov/

Este sitio web es administrado por el Departamento de Salud y Servicios Humanos de Estados Unidos y ofrece recursos de varias agencias del gobierno para padres, personal escolar y otros adultos de la comunidad que deseen tomar acción para reducir el hostigamiento y construir ambientes seguros y respetuosos en las escuelas y las comunidades. Los recursos incluyen entrenamientos, información sobre programas escolares de prevención, leyes y políticas estatales y guías para niños.

SOBRE LA EDITORA MÉDICA DE ESTE LIBRO

Bridget K. Biggs, Ph.D., L.P
Consultora, Departamento de Siquiatría y Sicología, Mayo Clinic, Rochester, MN; Profesora Asociada de Sicología de la Escuela de Medicina y Ciencias de Mayo Clinic

La doctora Biggs ha publicado más de cincuenta artículos y capítulos de libros evaluados por pares. Sus investigaciones han sido patrocinadas por fuentes institucionales y externas, incluyendo los Institutos Nacionales de Salud. La doctora Biggs ha hecho contribuciones significativas a la investigación en las áreas de influencias sociales en la salud mental y física de los niños, evaluación y tratamiento de la ansiedad infantil e intervenciones conductuales para niños y adolescentes.

Para leer artículos de la doctora Biggs, consulte estos libros publicados:

Vernberg EM, Biggs BK (Eds.). *Preventing and Treating Bullying and Victimization*. New York, NY: Oxford University Press, 2010.

Whiteside SPH, Ollendick T, Biggs BK. *Exposure Therapy for Child and Adolescent Anxiety and OCD. ABCT Clinical Practice Series*. New York, NY: Oxford University Press, 2020.

SOBRE LOS AUTORES

Guillaume Federighi, alias **Hey Gee**, es un autor e ilustrador francoestadounidense. Comenzó su carrera en 1998 en París, Francia, y dedicó algunas décadas a explorar el mundo del arte callejero y el grafiti en diferentes capitales europeas. Luego de mudarse a Nueva York, en 2008, trabajó con muchas compañías y marcas, y desarrolló una reputación en las áreas del diseño gráfico y la ilustración gracias a su estilo característico de traducir ideas complejas en historias visuales sencillas y atemporales. También es el dueño y director creativo de Hey Gee Studio, una agencia creativa radicada en la ciudad de Nueva York.

Ralph M. es de Rochester, Minnesota. Si bien es cierto que recuerda la ansiedad que sintió al ser víctima de hostigamiento en la escuela secundaria, el haber enfrentado el problema lo ayudó a ser un estudiante exitoso. Asistió a la Universidad de Yale y a la Escuela de Medicina de la Universidad de Emory, y está haciendo carrera como cirujano ocular. En su tiempo libre, a Ralph M. todavía le encanta pintar con acuarelas, hacer caminatas con su perro y salir con sus amigos, y también disfruta cocinar. La acuarela de Alex que se muestra en la página 30 es una pintura original de Ralph M.

SOBRE BOOKLAB DE LA FUNDACIÓN IPSEN

La fundación Ipsen se dedica a repensar la divulgación científica para mejorar la vida de millones de personas en todo el mundo. La transmisión de contenidos científicos al público de manera precisa es un asunto complicado ya que la información científica suele ser técnica y se disemina mucha información errónea. La fundación Ipsen estableció en 2018 BookLab para atender esta necesidad. Los libros de BookLab nacen de la colaboración entre científicos, médicos, artistas, escritores y niños. Los libros de BookLab llegan, tanto en papel como en formato electrónico, y en varios idiomas, a gente de todas las edades y culturas en más de cincuenta países. Las publicaciones de BookLab de la fundación Ipsen son gratis para escuelas, bibliotecas y personas que viven en condiciones precarias. ¡Únete a nosotros! Puedes acceder a nuestro sitio web, www.fondation-ipsen.org, para leer y compartir nuestros libros.

SOBRE MAYO CLINIC PRESS

Mayo Clinic lanzó su propia editorial, Mayo Clinic Press, en 2019, con el objetivo de arrojar luz sobre las historias más fascinantes de la medicina y empoderar a individuos con el conocimiento necesario para forjarse una vida más saludable y feliz. Desde el galardonado boletín mensual *Mayo Clinic Health Letter* hasta libros y contenido multimedia que cubren todos los ámbitos de la salud y el bienestar humano, las publicaciones de Mayo Clinic Press brindan a los lectores contenido confiable creado por algunos de los profesionales del cuidado de la salud que son líderes mundiales en su campo. Los ingresos sirven para financiar investigaciones médicas importantes y los programas de educación de Mayo Clinic. Para mayor información, visitar https://mcpress.mayoclinic.org.

SOBRE ESTA COLABORACIÓN

La colección *My Life Beyond* (nombre original en inglés) fue desarrollada gracias a la colaboración entre BookLab, de la fundación Ipsen, y Mayo Clinic, que ha impartido educación médica de clase mundial durante más de 150 años. Esta colaboración tiene como objetivo proveer recursos confiables e impactantes para la comprensión de enfermedades infantiles y otros problemas que pueden afectar el bienestar de los niños.

La colección les ofrece a los lectores una perspectiva holística de la vida de niños con (y más allá de) sus retos médicos. Niños y adolescentes que han sido pacientes de Mayo Clinic trabajaron con el autor-ilustrador Hey Gee en la creación de estos libros, compartiendo sus experiencias personales. El resultado ha sido una serie de historias ficticias que reviven de manera auténtica las emociones de los pacientes y sus inspiradoras respuestas a circunstancias desafiantes. Además, médicos de Mayo Clinic aportaron los últimos conocimientos médicos en cada tema con el objetivo de que las historias puedan servir para que otros pacientes, familias y cuidadores entiendan la manera en que los niños perciben y resuelven sus propios retos.

© 2023, Vista Higher Learning, Inc.
500 Boylston Street, Suite 620
Boston, MA 02116-3736
www.vistahigherlearning.com
www.loqueleo.com/us

Publicado originalmente en Estados Unidos bajo el título *My Life Beyond Autism* por Mayo Clinic Press. Esta traducción ha sido publicada bajo acuerdo con Mayo Clinic, Mayo Foundation for Medical Education and Research c/o Nordlyset Literary Agency.

Dirección Creativa: José A. Blanco
Vicedirector Ejecutivo y Gerente General, K–12: Vincent Grosso
Desarrollo Editorial: Salwa Lacayo, Lisset López, Isabel C. Mendoza
Diseño: Ilana Aguirre, Radoslav Mateev, Gabriel Noreña, Verónica Suescún, Andrés Vanegas, Manuela Zapata
Coordinación del proyecto: Karys Acosta, Tiffany Kayes
Derechos: Jorgensen Fernandez, Annie Pickert Fuller, Kristine Janssens
Producción: Esteban Correa, Oscar Díez, Sebastián Díez, Andrés Escobar, Adriana Jaramillo, Daniel Lopera, Juliana Molina, Daniela Peláez, Jimena Pérez
Traducción: Isabel C. Mendoza

Mi vida más allá del bullying
ISBN: 978-1-54338-613-4

La información contenida en este libro es veraz y completa según el conocimiento de los autores y el equipo consultor. Este libro solo pretende ser una guía informativa para quienes deseen aprender más sobre asuntos de salud, y no pretende reemplazar ni contradecir las recomendaciones de un médico. Las decisiones finales concernientes al tratamiento de la enfermedad deben tomarse entre el paciente y el médico. La información de este libro se ofrece sin garantías. Los autores y la editorial renuncian a cualquier responsabilidad en conexión con el uso de este libro.

Printed in the United States of America

1 2 3 4 5 6 7 8 9 KP 28 27 26 25 24 23